www.tredition.de

AF177419

René Neumann,
Coach, Trainer und Referent

René Neumann, gebürtiger Mannheimer, ist verheiratet, hat 2 erwachsene Kinder und lebt an der schönen Bergstrasse.
Nach seiner Ausbildung im Sozialwesen und einem künstlerischen Werdegang hat er sich selbstständig gemacht mit einer eigenen Eventagentur. Dabei hat er viele Einblicke in verschiedenste Wirtschaftsbereiche bekommen dürfen.
Zurück zu seinen Wurzeln kommend, begann er mit Aus- und Weiterbildungen als Coach und Referent. Sein reichhaltiger Erfahrungsschatz vor Menschen und mit Menschen zu agieren, und auch verschiedenste Gruppierungen zu koordinieren, nutzt ihm viele Fragestellungen in der Wirtschaft praxisbezogen und konkret zu bearbeiten.

Trainings-, Seminar- und Coaching-Schwerpunkte sind:

- Stage Coaching
- Kreativitäts- und Humor-Training
- Präsentations-Coaching
- Führungs- und Fehlermanagement Workshops
- Führungskräfte Coaching
- Körpersprache Workshop
- Workshop Entspannungstechniken
- Einzelcoaching

René Neumann

Wie kann NLP konstruktives Fehler- management unterstützen?

NLP-Masterarbeit

© 2017 René Neumann

Verlag: tredition GmbH, Hamburg

ISBN
Paperback: 978-3-7345-9554-7
Hardcover: 978-3-7345-9555-4
e-Book: 978-3-7345-9556-1

Printed in Germany

INHALTSVERZEICHNIS

1. KLÄRUNG DER BEGRIFFLICHKEITEN

1.1. Der „Fehler"-Begriff

WAS ist überhaupt „ein Fehler"?

Diese scheinbar einfache Frage entpuppt sich bei genauerer Betrachtung als komplexerer Sachverhalt.
Denn schon ein Tag, eine Woche, oder ein Jahr später können sich die Kontextbedingungen ja völlig verändert haben, und dabei kann auch der Fall eintreten, dass sich die als „Fehler" eingestufte Entscheidung, im Nachhinein, sogar als „*Glücksfall*" herausstellen könnte! Denn jede Entscheidung wird immer in einem „*situationsspezifischen Kontext*" getroffen.
Ergo: „ein Fehler" – ist immer auch unter einem zeitlich, situativen Kontext zu betrachten!

Zurück zur Ursprungsfrage: WAS ist denn dann überhaupt ein Fehler? Um die Frage zu klären, schauen wir uns auch an WER eigentlich darüber entscheidet WAS überhaupt ein Fehler ist? Denn das Wissen um den spezifischen Kontext spielt hierbei ja eine nicht unwesentliche Rolle. In der Justiz unterscheidet man hierbei z.b. nach den Kategorien „*vorsätzlich*" und „*fahrlässig*". Beziehungsweise man unterscheidet zwischen den Begriffen „*Irrtum*" und „*Fehler*".
Die Quintessenz lautet, dass, wenn man nicht über ein (*handlungs-*) alternatives Wissen verfügt, man sich ergo auch gar keines Fehlers bewusst sein kann(!). So die konvergente Denkweise.

Eine allgemeine, verkürzte Definition, auf die man sich in der Fachliteratur geeinigt hat, lautet daher:

„...Der Fehler als Normabweichung.
...Folglich orientiert sich auch die Deutsche Industrienorm am Begriff der Norm bzw. Normabweichung als zentralem Kriterium. Das Berliner Institut für Normung definiert folglich den Fehler als einen „Merkmalswert, der die vorgegebenen Forderungen nicht erfüllt...“ [1]

Ein Fehler ist allgemein „ein Abweichen von einer bestimmten, definierten Norm“.

2. KLÄRUNG DER BEGRIFFLICHKEITEN

1.1.   Der „Fehler“-Begriff

1.1.1. Eigene + Fremde Fehler

Ohne zu tief in die Begrifflichkeiten einer Fehler-Definition hinab zugleiten, erscheint mir für das Thema an dieser Stelle grundsätzlich die Unterscheidung interessant zu sein zwischen *„eigenen Fehlern“* und *„fremden Fehlern“* und die jeweiligen menschlichen Reaktionen darauf.

Hier das Modell einer „Fehler-Matrix“:

SELBST-WAHRNEHMUNG	FREMD-WAHRNEHMUNG
Meine eigenen Fehler	**Meine eigenen** Fehler
Fehler **von Anderen**	Fehler **von Anderen**

---

1 Fehler.Lernen.Unternehmen, E.Schüttelkopf u.a., Peter Lang Verlag, 2008, S.16

Aus dieser Fehler-Matrix ergeben sich wiederum folgende Fragen:

- Was passiert und wie reagieren SIE wenn Sie EIGENE Fehler bemerken?
- Was passiert und wie reagiere SIE wenn Sie FREMDE Fehler bemerken?
- Was passiert und wie reagieren ANDERE darauf wenn SIE Fehler machen?
- Was passiert und wie reagieren ANDERE darauf wenn ANDERE Fehler machen?

1.2. "Fehler"-Verständnis

Bei der historischen Sichtweise auf den „Fehler-Begriff" gibt es im Wesentlichen zwei Deutungsweisen:

1.2.1. Die evolutionsbiologische Sichtweise

Der Mensch als Spezies hat seit seines Bestehens gelernt aus Fehlern zu lernen. Ein Fehler in der Urzeit konnte Einem schnell das Leben kosten. Also mithin ein *„schwerwiegender Fehler"*. Von Jenen stammen wir aber nicht ab. Sondern wir stammen von Denen ab, die am besten mit Fehlern umgehen konnten!
Übrig geblieben ist uns evolutionsbiologisch allerdings unsere erhöhte *„Fehler"*-Aufmerksamkeit. Unsere blitzschnelle Auffassungsgabe im Erkennen von *„Ungleichheiten / Fehlern"*. Das war (*und ist*) überlebensnotwendig.

Im Bereich der Sinnes-Wahrnehmung selbst, bzw. unserer 5 Sinneskanäle (*Visuell-Auditiv-Kinästhetisch-Olfaktorisch-Gustativ / abgekürzt „V-A-K-O-G")*, wie wir also unsere Umwelt und die Eindrücke und Informationen aufnehmen, ist wiederum der visuelle Bereich dominierend.
Zudem ist durch unsere neurobiologische Ausstattung (*u.a. das sog. „Limbische System" mit Sympathikus und Parasympathikus*) geregelt, dass wir (*zumeist*) unbewusst und in Millisekunden uns für z.B. Zuneigung oder Ablehnung entscheiden.

Oder anders ausgedrückt auf *„Liebe und Anerkennung"* oder auf *„Kritik und Zurückweisung"* physisch und mental / psychisch reagieren.

„...Viele Menschen reagieren körperlich sehr heftig auf Kritik. In dem Moment, in dem sie kritisiert werden, bekommen sie z.B. einen "Tunnelblick". Es wird ihnen heiß, und ihr Denken kreist nur noch um die Frage: Wie kann ich mich rechtfertigen bzw. verteidigen?
Diese körperliche Reaktion hat ebenfalls etwas damit zu tun, dass man die Kritik nicht als Rückmeldung über eine Soll / Ist-Differenz bzw. als Mitteilung darüber erlebt, wie jemand anderes die Situation wahrgenommen hat, sondern als Entwertung der eigenen Person(!).
Dies führt häufig wiederum dazu, dass diese Personen auch ungern Andere kritisieren bzw. ihnen kritisches Feedback geben..."[1]

„Kritikfähigkeit" - welche ein Schlüsselbegriff - im Zusammenhang mit der Auseinandersetzung mit *„Fehlern"* ist – ist dagegen ein nicht angeborenes sondern (*oft mühsam*) erlerntes Sozialverhalten!

1.2.2. Die kulturpädagogische Prägung

In der Neuzeit taucht der *„Fehler"*-Begriff hauptsächlich in dem Bereich der Pädagogik *(Kindergarten, Schule, Ausbildung, Universitäten etc.)* auf. Dort werden *„Fehler"* gekennzeichnet – mit dem Ziel sie zu *„Eleminieren"*, bzw. zu *„vermeiden"*.

Wir Alle sind – mehr oder weniger – davon geprägt worden. Von dieser *„negativen Bewertung"* eines Fehlers.
Die daraus resultierende *„Fehler-Vermeidung-Strategie"* hat danach auch in der Wirtschaft, bzw. dem modernen Produktionskreislauf Einzug gehalten.

---

[1] Klaus Grochowiak, Das NLP-Practitioner Handbuch, Junfermann Verlag, Paderborn, 1996, S.14

In der Folge entstanden solche Management- und Produktions-prozess-Modelle wie *„Kaizen",„Total Quality Management/TQM",* *Qualitätsverbesserungszirkel, Six Sigma, Kontinuierlicher Ver-besserungsprozeß / KVP,"*u.a.m. Allesamt Modelle welche letztlich der Fehler-Vermeidung, bzw. Fehler-Reduzierung dienen sollen.
Aus der Evolutionsbiologie einerseits und der kulturpädagogi-schen Prägung andererseits ergibt sich aber ein starker Aufmerk-samkeits- und Bewertungsfokus auf *„Fehler"* als negatives, zu Eli-minierendes Ereignis - was ich als *„Negativblick"* bezeichne.

1.3. Fehler-Management als Phänomen

Der Begriff *„Fehler-Management(FM)"* selbst, tauchte das erste Mal 1979 im Zusammenhang mit der Beinahe-Katastrophe des Atomkraftwerks Three Mile Island / Harrisburg / USA auf. Danach saßen zum ersten Mal ein Dutzend Ingenieure aus ver-schiedensten Disziplinen an einem Tisch um sich detailliert mit dem Auftreten von *„Fehlern"* innerhalb einer Prozesskette auszu-tauschen.
Immer wieder zeigen nämlich Katastrophen – wie die Nuklearka-tastrophe von Tschernobyl 1986, das Spaceshuttle Challenger-Unglück von 2006, die BP-Ölkatastrophe im Golf von Mexiko 2010, die Atomkatastrophe von Fukushima 2011, oder der Unter-gang der Costa Concordia 2012, u.a.m. die Wichtigkeit eines ef-fektiven Fehler-Managements auf.
Bei der Fehler-Analyse tauchen bei *(fast)* allen o.g. Beispielen oft *„Kleinigkeiten"* auf – welche innerhalb einer Prozesskette aller-dings dann zu verheerenden Folgen geführt haben.
Der sog. *„menschliche Faktor"* oder *„menschliches Versagen"* tritt hierbei oft als *(Mit-)*Ursache in Erscheinung.

1.4. „Positive Fehler"

„Fehler" müssen allerdings nicht immer nur negative Folgen haben. Trotz des, fast schon erdrückend erscheinenden

evolutionsbiologischen Hintergrundes und der zusätzlichen kultur-pädagogischen Prägung unserer (*negativen*) Fehlersicht – sollen „*Fehler*" auch positive Aspekte haben?

Das ist nur schwer vorstellbar. Andererseits zeigen aber auch einige Beispiel, dass vermeintliche „*Fehler*" sich im Nachhinein durchaus auch als sehr positiv erweisen können. Haben Sie jemals eine solche Erfahrung gemacht?

So tragisch Katastrophen waren, wie z.b. der Untergang der Titanic 1898; - danach wurde erstmals ein weltweites Seenot-Rettungssystem installiert! Oder nach der Tsunami-Flutwelle 2009 wurde ein globales Frühwarnsystem aufgebaut.

Könnte man deshalb „*Lernen aus Fehlern*" nicht auch als einen (*wenngleich manchmal auch schmerzhaften*) menschlichen (Lern-) Prozess betrachten? Unzählige andere Beispiele belegen nämlich auch die positiven Seiten von vermeintlichen „*Fehlern*".

Wie die Erfindung der Glühbirne, des „*Teflons*" als „*Abfallprodukt aus der Weltraumforschung*". „*Viagra*" als „*misslungenes Blutdrucksenkendes Heilmittel*", oder „*Post-Its*"-Klebenotizen als Ergebnis eines „*misslungenen Klebemittelversuchs*", u.a.m....

In den Bereichen von Innovation/Forschung und Entwicklung steht man deshalb „*Fehlern*" viel offener und gelassener entgegen. Man spricht hierbei auch von „*Fehler-Offenheit*", bzw. „*Fehler-Freundlichkeit*".

1.5. Fehler-Strategien

Betrachtet man die beiden Extreme „*0-Fehler-Strategie*" und „*Fehler-Offenheit*" als Ende einer Skala ergibt sich folgendes Bild:

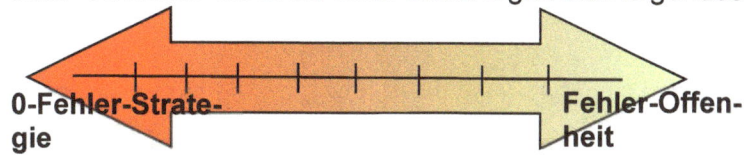

0-Fehler-Strate-
gie

Fehler-Offen-
heit

Eine „*0-Fehler-Strategie*" ist sicher dann sinnvoll und nützlich in hochsicherheits-relevanten Bereichen wie der Medizin, Luftfahrt, Atomtechnologie, in komplexer Umwelttechnologie usw.

„*Fehler-Offenheit*" dagegen ist, wie bereits erwähnt, für Innovation und Weiterentwicklung vorteilhaft und manchmal sogar notwendig!
Selbst innerhalb eines Unternehmens gibt es ja unterschiedlichste Teilbereiche wie z.b. die „*Buchhaltung*", oder „*Produktion*" bei denen eine „*0-Fehler-Strategie*" richtig und wichtig sind.

Es gibt aber auch Bereiche wie „*Forschung & Entwicklung*" in denen eine „*0-Fehler-Strategie*" überhaupt nicht möglich ist, bzw. sogar schädlich wäre.
Denn bei kleinsten Pannen und unabsichtlichen Fehlern gleich massiv bestraft zu werden fördert im Gegenteil nur „*eine Kultur der Verheimlichung*" und Ablehnung.
Die Angst davor, Fehler zu machen, kann sich entwickeln und lähmend wirken auf neue, innovative Ideen. Beziehungsweise die Angst davor Fehler zu machen fördert Nichtstun und Passivität.
Wie Sie es bei Ihnen aus? Zu welcher Seite neigen Sie?

Hier ein schematischer Überblick der verschiedenen „*Fehler-Stra-tegien*" und mögliche, angemessene spezifische Reaktionen da-rauf:

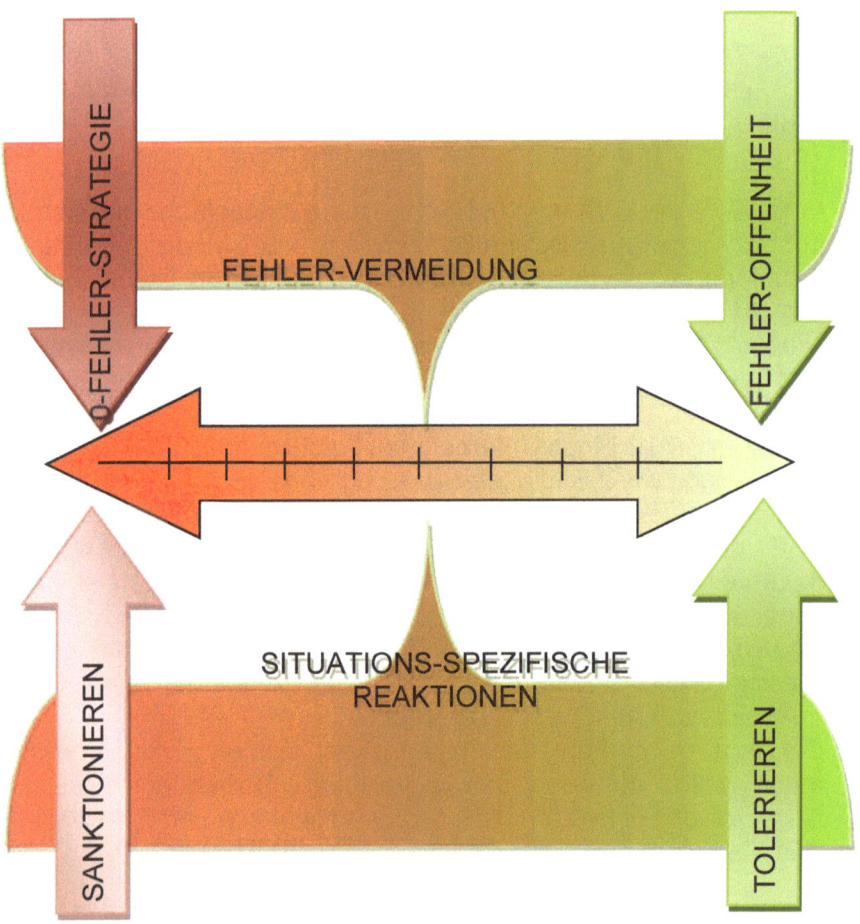

Fehler-Vermeidung ↑ / **Verbesserung & Innovation** ↓

			TOLERANZ	SANKTION
Sabotage	*Absichtlicher Fehler (Betrug, Sachbeschädigung etc.)*		○	●
Heimliches Scheitern	*Absichtliches Verschleiern eines Fehlers*		○	●
Flop, Patzer	*Nachlässigkeit, Fahrlässigkeit, Flüchtigkeit, Übermut*		◔	◔
Unterlassen	*Nicht-Handeln als Fehler, aufgrund von Überforderung / mangelnder Orientierung*		◔	◔
Folge-Fehler	*Wiederholte Fehler aufgrund mangelnder Lernfähigkeit oder –Bereitschaft*		◔	◔
Überforderung	*Mismatch von Kompetenz und Aufgabe / Anforderungen*		◑	◑
System-Fehler	*Umweltdynamik / veränderte Rand-bedingungen*		●	○
„Kreativer Fehler"	*„Erfolgreiches Scheitern" bei beherrschbaren Risiken & kalkuliertem Wagnis durch Pech, Zufall oder Restrisiko*		●	○

(IAI - Institut für angewandte Innovationsforschung e.V., Bochum, 2009 Fachreferat beim Bundesministerium für Forschung und Technologie)

1.6. Fehler-Management

Die adäquate Reaktion auf ein auftretendes Fehler-Ereignis zu liefern bedarf deshalb einer detaillierteren Sichtweise.

Nicht nur das Wissen darum, d.h. also zu erkennen, wann ist ein Fehler *„riskant"* *(also mit hohen Folgekosten verbunden)* – sondern auch, wann ist ein Fehler *„tolerabel"* und vernachlässigbar, bzw. eventuell sogar *„nützlich"*!
Denn auf tolerierbare Fehler mit harten Sanktionierungen wiederum zu antworten richtet eher mehr Schaden an, als es denn nützt. Letztlich führt es lediglich zu einer Verheimlichungsstrategie *(da Fehler nicht mehr gemeldet werden)* und einer sogenannten *„Culture of Blame"*.
Anstatt einer *„konstruktiven, offenen Auseinandersetzungs-Kultur"*

1.7. Fehler-Kultur

Ein gutes Beispiel für eine positive Fehlerkultur in diesem Sinne stellt z.B. der Bereich der Luftfahrt dar. Dort gibt es mittlerweile sehr gute Reporting-Systeme welche – vor allem:

1. **anonym,**
2. **nicht punitiv,**
3. **zeitnah,** und möglichst
4. **umfassend** / vollständig erfassend sind.

Dies hat im Laufe der Jahre dazu geführt dass ganz selbstverständlich bei allen Mitarbeitern eine andere *„Wertekultur"* in den Köpfen verankert worden ist. Durch intensive und ständig wiederholende Schulungen, Prüfungen und Zertifizierungen wird diese *„Wertekultur"* verinnerlicht.
Selbst Berufsanfängern wird dabei beigebracht bei kleinsten Unstimmigkeiten dies zu melden. Auch auf die Gefahr hin, dass es sich hierbei um ein Fehler / Versehen / Missverständnis o.ä. handelt, werden diese Vorfälle ernsthaft – und wertneutral - geprüft.

Da am Ende einer eventuell möglichen Fehlerkette ein noch viel schwerwiegenderes Ereignis stehen könnte! Das hat u.a. auch zu einem „Paritäts-Prinzip im Cockpit" geführt. Also nicht nur der Kapitän hat die alleinige Entscheidungshoheit (und Verantwortung damit) – sondern auch der Co-Pilot hat die gleichen Mitspracherechte. Da der höchste Wert „die Sicherheit" ist und man damit menschliche Fehler möglichst minimieren will.

Als Gegenbeispiel möchte ich z.b. den medizinischen Bereich heranführen. Zwar gibt es auch hier einen hochsensiblen „Hi-Risk Bereich", wie z.b. die Intensivmedizin, Hirn-, Herz-OPs, u.v.a.m. - doch existiert in vielen Fällen kein vergleichbares Reporting-System wie in der Luftfahrt.

Im Gegenteil. Ärzte welche Fehler begehen (und je komplexer Systeme sind, desto wahrscheinlicher die Fehleranfälligkeit) laufen Gefahr durch „medizinische Kunstfehler-Prozesse" persönlich in Regress genommen zu werden.

Was wiederum, nachvollziehbarerweise, zu einer Kultur der Verheimlichung („Culture of Blame") führt. Das Gesamt-System „Medizinische Versorgung" verbessert sich dadurch aber nicht.

1.8. konstruktives Fehler-Management (kFM)

„Konstruktives Fehler-Management/FM" wiederum kann man mithin als „der gezielte Einsatz von spezifischen, kontextabhängigen, zielführenden Verhaltensstrategien" bezeichnen.

Das beinhaltet sowohl die (emotionalen und kognitiven) Fähigkeiten und Kompetenzen zu sanktionieren, falls nötig. Genauso, wie die (emotionalen und kognitiven) Fähigkeiten und Kompetenzen Fehler tolerieren zu können, falls nötig. Denn dafür sind die unterschiedlichsten Fähigkeiten und Kompetenzen nötig:

Kognitiver Art (das Erkennen von Fehlern und deren Bewer tung und Einordnung)
Wobei hier hauptsächlich das Know-How um die Entstehung der eigentlichen Fehlerkette, die Risiko-Einordnung, und das Wissen um die möglichen Reaktionen darauf zu verstehen ist.

Aber auch das Wissen um kommunikative Prozesse und deren Auswirkungen. Interessanter und wesentlicher Teil dieser Arbeit ist aber die Auseinandersetzung mit folgenden Kompetenzen:

Emotionaler Art *(die angemessene emotionale Reaktion auf eigene und fremde Fehler)*, und:

Sozialer Art *(die angemessene Verhaltensreaktion auf eigene und fremde Fehler)*.

„Kommunikation" ist dabei der zentrale Baustein bei der Betrachtung von Fehlern.
Kommunikatives Know-How, bzw. Kommunikative Kompetenzen über die verschiedensten Zusammenhänge, *(Aus-)*Wirkungen in der Kommunikation *(Win-Win-, Win-Loose-, Loose-Loose-Situationen)*, über emotionale Dynamiken, und mögliche rhetorische Techniken im Detail, können dabei wiederum sehr nützlich sein.

Und genau hier ist die Schnittstelle zum NLP gegeben.
Denn es gibt nämlich einige Aspekte des NLP welche nicht nur hilfreich sind - sondern sogar absolut deckungsgleich - mit dem Ziel eines konstruktiven Fehler-Managements.

3. WIE KANN NLP KONSTRUKTIVES FEHLER-MANAGEMENT UNTERSTÜTZEN?

2.1. Was ist NLP (Neuro-Linguistische Programmierung)?

"...NLP ist die Kunst und Wissenschaft von persönlicher Vervollkommnung, von effizienter Kommunikation und Höchstleistungen...." [1]

Die „*Neurolinguistische Programmierung*" ist eine Anfang der 1970er Jahre in Kalifornien entstandene psychologische Richtung. In ihr wurden Ansätze der Klienten-zentrierten Psychotherapie, der Verhaltenstherapie, der Hypnotherapie und Körperpsychotherapie, sowie weiterer Psychotherapieansätze zusammengeführt.
Heute wird NLP weit über den therapeutischen Bereich, auch im Coaching, Marketing und Fortbildungsbereich hinaus genutzt. NLP untersucht zum Beispiel, wie wir Inneres und Äußeres Erleben durch die Sprache und unsere fünf Sinne organisieren.

Hinter NLP (*Neuro-Linguistische Programmieren*) stehen letztlich die Prinzipien erfolgreicher Kommunikation.

* Der Verbesserung der Kommunikation mit sich selbst
* Der Verbesserung der Kommunikation mit seinen Mitmenschen
* Eine der wichtigsten Erkenntnisse des NLP ist, dass wir nicht auf die Wirklichkeit reagieren, sondern auf unsere Vorstellung davon!

---

[1] *aus Neurolinguistisches Programmieren: Gelungene Kommunikation und persönliche Entfaltung von Joseph O´Connor und John Seymour, 1998*

Die Ursache einer Leistungsblockade, zum Beispiel, liegt nicht in den äußeren Bedingungen, sondern darin, welche Bedeutung wir diesen Umständen „innerlich" geben.

Ein Beispiel: Es gibt Menschen, die durch äußeren Druck gelähmt werden, und andere die leistungsfähiger werden.
Der äußere Druck ist hier also nicht die Ursache der Blockade. Die Blockade entsteht erst in unserem Denken - und das meist unbewusst.
Die Techniken des NLP ermöglichen genau die Umgestaltung von Denkprozessen und erlauben somit nachhaltigere Gefühls- und Verhaltensveränderungen.[1]

NLP steht somit für ein Konzept für „Kommunikation – Verhalten und – Veränderung". Ein Ziel ist es u.a. die persönlichen Wahlmöglichkeiten ressourcenorientiert zu erweitern und ziel- bzw. lösungsorientiert zu sein.
Dass NLP dabei helfen kann ein konstruktives Fehler-Management aufbauen zeigt sich bereits in einigen NLP-Grundannahmen:

2.1.1. NLP-Grundannahmen

Hier eine Auswahl der m.M. nach nützlichsten Grundannahmen im NLP für ein konstruktives FM:

3.1.1.1. Feedback versus Versagen

Wobei sich hier das „Versagen" ausschließlich auf die Kommunikation bezieht (und nicht auf tatsächliche Prozesse und Vorgänge).

---

[1] aus http://nlpportal.org/nlpedia/wiki/Die_NLP_Enzyklopädie

Alle Resultate und Verhaltensweisen sind, streng genommen im 1.Schritt erst einmal etwas Erreichtes, unabhängig davon, ob sie die gewünschten Ergebnisse in Bezug auf eine Aufgabe / Sache sind oder nicht.

Im NLP geht man nämlich von der Vorannahme aus, dass es in der Kommunikation keine Fehler, sondern – wertneutral - lediglich *„Feedbacks"*, also Rückmeldungen gibt (*ob etwas zielführend oder nicht war*)[1]

Eine *„negative Rückmeldung"* enthält somit eine Verbesserungs- und Lernchance. Mit dieser (*neutralen*) Haltung ist es einfacher mögliche (*tolerierbare*) Fehler zu betrachten. Selbst auf Fehler angesprochen zu werden (*s.u.*) – oder Andere darauf anzusprechen ist ebenfalls wesentlich hilfreicher für eine konstruktive, lösungsorientierte Kommunikation.

3.1.1.2. Das Vorgehen des NLP ist ziel- und lösungsorientiert anstatt ursachen- und problemorientiert.
(NLP-edia, grundannahmen)

„Probleme" sind Ziele, die auf dem Kopf stehen.
(O'Connor/Seymour)

So gesehen gibt es eigentlich gar keine *„Probleme"*, sondern nur Entwicklungsmöglichkeiten und *(Lern-)*Chancen.

Im konstruktiven Fehlermanagement ist dazu vergleichsweise der Ansatz von der ursachen-orientierten (*oft personenzentrierten*) Sichtweise zur system-orientierten (*systemischen*) Sichtweise auf Fehler sehr hilfreich. Heutzutage, in Zeiten des vernetzten Internets und der Globalisierung, sind manche Vorgänge in der Wirtschaft mittlerweile derart komplex geworden dass es gar nicht mehr so einfach nachvollziehbar ist, wer denn nun eigentlich der *„Verursacher"* ist in hochkomplexen Systemen.

---

[1] *aus Klaus Grochowiak, Das NLP-Practitioner Handbuch, Junfermann Verlag, Paderborn, 1996, S.25*

Sinnvoller wäre es, wenn das alte „Ursache-Wirkungs-Denken" einer zeitgemäßeren „systemischen Denkweise" Platz machen würde.

2.1.1.3.Die „Landkarte" ist nicht „das Gebiet"
(Alfred Korzybski).

Unser *(Ab)*Bild der Realität ist nicht identisch mit der tatsächlichen Welt! Was bedeutet dies in Bezug auf die Betrachtung von „Fehlern"?

Haben Sie bei der Fehler-Analyse, bei der Fehler-Beurteilung und der Reaktion auf Fehler auch „die tatsächliche Realität" vor Augen? Oder bewerten, interpretieren, spekulieren und projizieren Sie?
Die Entwicklungspsychologie zeigt dass nach der frühkindlichen Entwicklung der ersten *(Ur-)*Gefühle wie Abneigung *(Angst)* und Zuneigung *(Liebe)*, weitere – spezifiziertere Gefühle wie „Scham, Stolz, Mut" usw. sich im Verlauf der menschlichen Entwicklung erst herausbilden.
Ab der Kinder- und Jugendzeit versuchen wir dann mithilfe von vereinfachten *(Denk-)* Konzepten die Welt für uns begreifbar*(er)* und verständlicher zu machen. Angefangen in der frühkindlichen Erziehung und Prägung der Eltern über Kindergarten, Schule bis hin zum Berufsleben erstellen wir uns *(mentale)* Konzepte mit denen wir uns die Welt erklären. Warum sie so funktioniert wie sie funktioniert. Warum Menschen so oder anders handeln und warum Dieses oder Jenes geschieht.
Dies ist u.a. ein Erklärungsmodell für die Entstehung von sog. "Glaubenssätzen". Die *(tatsächliche)* Realität ist allerdings weitaus komplexer als wir es verstehen können.
„Glaubenssätze" erfüllen hier wiederum eine wichtige Funktion. Denn sie ermöglichen eine „Komplexitätsreduktion" der realen Welt. Solche „Glaubenssätze" sind lediglich stark verkürzte, und mithin - unvollständige -Leitsätze.

Zwar lässt sich „das Leben" durch diese „Vereinfachung(en)" einfacher handhaben - dies ist aber auch gleichzeitig der (systemimmanente und paradoxe) Nachteil!
Denn sie sind ja nur ein vereinfachtes – quasi „linolschnitt-artiges" - Abbild der Realität.
Um zu einem konstruktiven Fehlermanagementbeizutragen ist es deshalb m. M. nach recht hilfreich, wenn man sich über die eigenen und fremden Glaubenssätze, die unserem Verhalten ja zugrunde liegen, darüber im Klaren ist.

2.1.1.4. Jeder hat „seine Landkarte" von der Welt

Wir sind durch unsere Werte, Erfahrungen, Erziehung, Normen, Ansichten, Meinungen geprägt und blicken dementsprechend mit diesem individuellen Hintergrund auf die uns umgebende Welt („Ich-Perspektive") und handeln entsprechend danach.
Menschen orientieren sich bei ihrem Handeln an Vorstellungen, ihrer eigenen "geistigen Landkarte" und nicht an der Welt selbst.[1]

Und was bedeutet dies wiederum in Bezug auf die Betrachtung von „Fehlern"?
Haben Sie „die tatsächliche Realität und Fakten" vor Augen?
Trennen Sie die Sachebene von der Emotionsebene bei der Fehlerbetrachtung? Oder anders ausgedrückt, sind Sie sich Ihrer „individuellen Subjektivität" überhaupt bewusst?

2.1.1.5. Jedes Verhalten hat eine positive Absicht.

Wenn wir diese Grundannahme einmal übernehmen, dann gibt es eine positive Absicht hinter jedem Verhalten, und einen Kontext, in dem jedes Verhalten nützlich erscheint.
Menschen sind nicht per se neurotisch, verrückt oder gebrochen.

---

[1] http://nlpportal.org/nlpedia/wiki/Die_NLP_Enzyklopädie

Sie treffen stets die beste Wahl aus dem, was ihnen an Optionen zur Verfügung steht. Sie funktionieren in ihrem spezifischen "*Modell der Welt*".[1]

Zwar gibt es *„für jedes Verhalten einen Kontext in dem es sinnvoll ist"*. Doch was bedeutet dies wiederum in Bezug auf die Betrachtung von *„Fehlern"*?

Bei *„Sabotage"*-Fehlern, zum Beispiel, ebenso wie bei *„heimlichem Scheitern"* - lt. Definition, also absichtlich herbeigeführten Fehlern, bzw. Verheimlichungen – eine *„positive Absicht"* zu unterstellen scheint, auf den ersten Blick absurd.

Nur bei genauerer Betrachtung im Detail – wäre evtl. eine *„positive Absicht"* – zumindest für den Initiator(!) erkennbar.

Bei *„Leichtsinnsfehlern / Patzern"* oder *„Folge-, bzw. Wiederholungs-Fehler"* wäre eine *„positive Absicht"* – zumindest in der schnelleren Arbeitsabwicklung / Prozess zu erkennen.

Bei einem *„Kreativ-Fehler"*, also einem Fehler mit hohem Lern- und Entwicklungspotential allerdings ist die positive Absicht wiederum eindeutig und klar erkennbar.

NLP ist systemisch.

„Betrachte entscheidende Dinge aus mehreren Perspektiven." Urteile nie über einen anderen Menschen, bevor du nicht 7 Meilen in seinen Schuhen gelaufen bist. Wenn Menschen ihre Sichtweisen verändern, dann verändern sie auch ihr Denken, Wahrnehmen, Fühlen und Handeln.[2]

Hilfreich für ein konstruktives FM erscheint mir zumindest mit dieser Grundannahme in den Kommunikationsprozess einzutreten. Wenn man als (*möglichst optimales*) Kommunikationsziel eine *„WIN-WIN"*-Situation erzielen möchte. Da alles andere nur zu Versagen und Verlust(*en*) führen. (*Außer bei „Sabotage"-Fehlern, s.oben*).

---

[1] http://nlpportal.org/nlpedia/wiki/Die_NLP_Enzyklopädie
[2] http://www.nlp-nielsen.de/20NLP_Techniken.htm

2.1.1.6. Menschen treffen zu jedem Zeitpunkt, die beste, ihnen zur Verfügung stehende mögliche Wahl.

Was bedeutet dies wiederum in Bezug auf die Betrachtung von *„Fehlern"*?

Hier sieht man direkt die Parallelen zu einer *„klaren, offenen Fehler-Ursachen-Analyse"*-Verhaltensweise, welche ein wichtiger Bestandteil eines konstruktiven Fehler-Managements sind.

Bei der Betrachtung und Beurteilung, warum unter welchen Umständen Jemand eine Entscheidung getroffen hat, kann diese Grundannahme eine zentrale Rolle spielen!

Und das Ganze wiederum vor einem *„systemischen Hintergrund"*.

Das heißt, dass Entscheidungen nur innerhalb eines (*mehr oder weniger*) komplexen Systems getroffen werden.

2.1.1.7. Das flexibelste „System-Element" kontrolliert das gesamte System

Wenn man sich *„Kommunikation"* grundsätzlich als ein stark vereinfachtes *„Sender-Empfänger-Modell"* vorstellt,

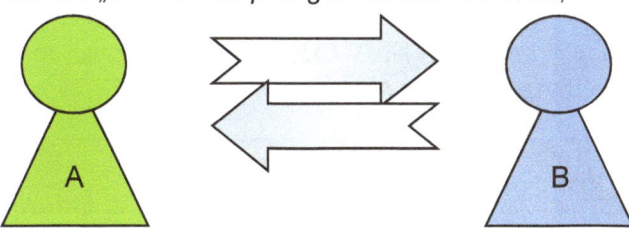

dann stellt sich die Frage *„Wer dafür verantwortlich ist, ob die richtige Botschaft / Information überhaupt beim Empfänger ankommt?"*, Oder anders ausgedrückt, ob das überhaupt die Absicht des Senders war?".

Aus der „NLP-Logik" ergibt sich folgerichtig dass IMMER der Empfänger bestimmt ob die Botschaft einer Information aufgenommen wird oder nicht (*s. „eigene Landkarte"*). Niemals der Sender einer Botschaft!

Das erfordert wiederum ein flexibleres (*Kommunikations*)-Verhalten eines jeden „*Senders*".
Entsprechend dem NLP-Axiom kontrolliert „*das flexibelste System-Element das System*". Flexibilität ist somit der Schlüssel zum Erfolg![1]
NLP dient ja auch der Erhöhung von Wahlfreiheit und Flexibilität im Denken, Wahrnehmen, Fühlen und Handeln. Letztlich mit dem Ziel auch eines größeren Verhaltensrepertoires.
Hierzu kommen meiner Meinung nach folgende NLP-Techniken vor Allem in Betracht ein konstruktives Fehler-Management konkret zu unterstützen:

4. NLP-TECHNIKEN

3.1.   3 Wahrnehmungs-Positionen
3.2.   „Rapport" und „Pacen"
3.3.   „Meta-Modell" der Sprache
3.4.   „Glaubenssätze"
3.5.   „Metaprogramme"
3.6.   „Slight-of-Mouth"

Betrachten wir nun diese NLP-Techniken zusammen mit der anfangs aufgeführten „*Fehler-Matrix*" etwas genauer.

SELBST-WAHRNEHMUNG	FREMD-WAHRNEHMUNG
Meine eigene Fehler	**Meine eigenen** Fehler
Fehler **von Anderen**	Fehler **von Anderen**

---

[1] http://nlpportal.org/nlpedia/wiki/Die_NLP_Enzyklopädie

5. WIE REAGIERE ICH AUF SELBSTENTDECKTE, EIGENE FEHLER?

Nehmen Sie „Fehler" bei sich selbst überhaupt wahr? Welche physiologischen Reaktionen bemerken Sie (erhöhter Puls, Atemfrequenz, Erröten, Schwitzen etc...)? Und wenn ja, wie reagieren Sie konkret darauf?

Reagieren Sie mit „Abwertung" und selbstschädigendem Verhalten, Vorwürfen und Selbstzweifeln? Oder ignorieren Sie es? Oder tolerieren Sie Ihre eigenen Fehler großzügig mit einem Augenzwinkern? Letztlich: Wie gehen Sie mit sich selbst um? Wertschätzend, rücksichtsvoll oder streng und unnachgiebig? Rational – oder irrational / emotional?
Das heißt anders ausgedrückt: Wie funktioniert Ihr Selbstmanagement? Wie sieht es mit Ihrer eigenen „Psychohygiene" aus?
Hier, was das Thema „Selbst-Erkenntnis" anbetrifft, ist die Arbeit mit sogenannten „Glaubenssätzen" sinnvoll.

4.1. Glaubenssätze (GS)

„Glaubenssätze" selektieren (vereinfachen) unsere Wahrnehmung und steuern unser Verhalten und Handeln.
Ein Glaubenssatz ist ja der sprachliche Ausdruck von etwas, an das jemand glaubt, oder was jemand für „wahr" betrachtet. Glaubenssätze werden deshalb oft mit „Wahrheit" und „Wirklichkeit" verwechselt!

Glaubenssätze sind aber lediglich ein Ausdruck innerer Modelle, die jede Person andauernd entwirft, und andauernd entwerfen muss, um sich in der Welt zu orientieren. [1]

---

[1] Klaus Grochowiak, Das NLP-Master Handbuch, Junfermann Verlag, Paderborn, 1999, S.74

Dabei handelt es sich um Überzeugungen und Glaubenssätze (*meist*) der Eltern (*oder anderer wichtiger Bezugspersonen aus der Kindheit*), die an die Kinder weitergegeben werden. Oder Zuschreibungen (*wie z.b. du bist genauso musikalisch/ unkonzentriert etc. .wie Onkel Robert, Tante Anna usw.*) welche den Kindern mitgeteilt werden. Oft auch als (*lebenslange*) Anforderung:

- *„Sei lieb"*
- *„Sei perfekt"*
- *„Stell Dich nicht so an"*
- *„sei stark", usw.*[1]

Wobei diese Anforderungen durch die gesamte Sozialisierung geprägt und sogar noch weiter verstärkt werden (*Kindergarten, Schule, Universität, Militär, Unternehmen, Peer-Groups etc.*). Diese sogenannten „(*An-*)Treiber" können, wenn sie zuerst einmal verinnerlicht wurden, dann zu verhaltensbestimmenden Einstellungen werden. Und in der Folge dann wiederum leicht zu *„einschränkenden Glaubenssätzen"* werden, welche hinderlich sein können. GS welche ja *„nur"* mentale Leitsätze sind, die vielleicht in einer zurückliegenden Situation eventuell hilfreich gewesen sein mögen, sich aber nun in geänderten Zeiten und Umständen evtl. als hinderlich erweisen, können aber auch wieder (*mittels NLP-Techniken*) geändert werden!
Im NLP wird dazu eine spezielle Technik angeboten, welche dazu geeignet ist Glaubenssätze zu hinterfragen. Die sogenannte „*Diamond*"-Technik.

4.2. „Diamond-Technik"

Bei der *„Diamond-Technik"* geht es im Wesentlichen darum, die Bedeutung eines Glaubenssatzes zu *„entpolarisieren"*. Damit ist gemeint, dass wir in unserem Alltagsbewußtsein sehr häufig rigide Vorstellungen davon haben, was gut, richtig, angemessen, wünschenswert etc. ist. Ein Glaubenssatz eben.

---

[1] Klaus Grochowiak, Das NLP-Master Handbuch, Junfermann Verlag, Paderborn, 1999, S.84ff

Mit Hilfe der „*Diamond-Frage-Technik*" können Sie selbst oder mit anderen Ihren eigenen, unbewussten Bedeutungsraum erkunden, um sich so aus der Fixierung an eine (*festgefahrene*) Bedeutung zu befreien.
Die Grundform des Diamonds sind vier Fragen, die in Form einer Raute angeordnet sind (*daher der Name*).

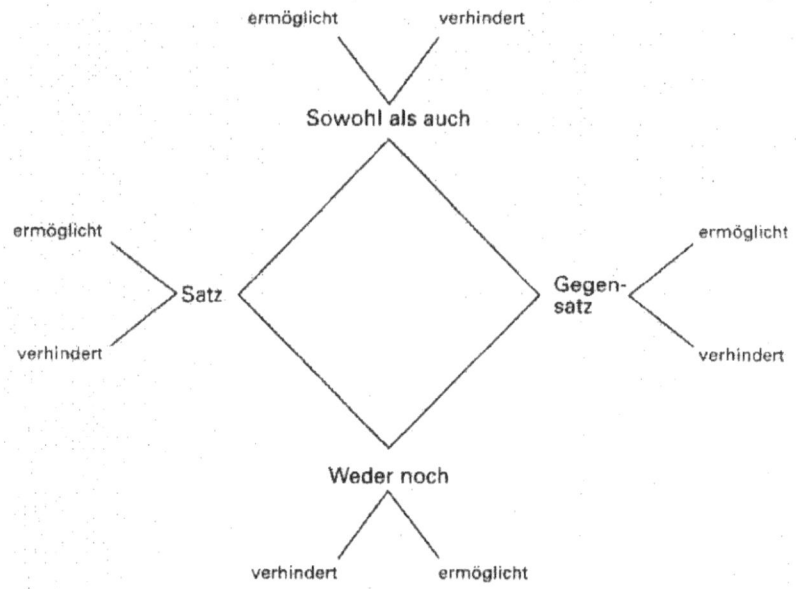

(K.Grochowiak, Das NLP-Master Handbuch, S.84)

Die beiden horizontalen Punkte „*Satz*" und „*Gegensatz*" bezeichnen den Ausgangssatz, bzw. dessen Gegenteil.
Zum Beispiel könnte für „*Satz*" stehen:
„*...Ich brauche in meinem Beruf Begeisterung...*"„
„*Gegensatz*" wäre dann die Antwort auf die Frage: „*Was ist für dich das Gegenteil von Begeisterung?* Und die Antwort könnte lauten: z.B. „*...Langeweile...*"
Als Ergänzung dazu kann man fragen was den GS ermöglicht und fördert. Welche Anlässe, Situationen, Auslöser, genauer und detaillierter, usw.

Ebenso wie die (*hypothetische*) Frage was denn den einschränkenden GS verhindert würde? Was wäre hinderlich und würde den einschränkenden GS in Frage stellen?

Der obere Punkt der Raute „*Sowohl als auch*" stellt die Antwort auf die Frage dar: „*...Was haben Begeisterung und Langeweile für dich gemeinsam...?*". Oder: „*...Was ist der gemeinsame Hintergrund von Begeisterung und Langeweile?*"
Die Antwort könnte zum Beispiel lauten: „*...Traurigkeit....*"
Dann wäre die Begeisterung der Versuch, die Traurigkeit nicht zu spüren, und in der Langeweile besteht die Angst, sich der Traurigkeit bewusst zu werden.
Und auch hier wiederum wäre eine Aufsplitterung in die Fragen nach dem „WAS" den neuen Leitsatz ermöglichen würde oder ihn behindern würde.
Der untere Punkt des Diamonds „*Weder noch*" enthält die Antwort auf die Frage:
„*...Was wäre für dich jenseits von Begeisterung und Langeweile?*", „*Was wäre außerhalb dieser Alternative?*" Und die Antwort könnte sein, z.B.: „*...Leben!*"

Und auch hier wiederum wäre eine Aufsplitterung in die Frage nach dem „*WAS*" den neuen Leitsatz ermöglichen würde, oder ihn behindern würde, hilfreich..
Im Regelfall hat sich alleine durch diese Diamond-Fragetechnik die Bedeutung des Ausgangssatzes / GS relativiert und die Wahrnehmungsperspektive wesentlich erweitert.[1]
In Bezug auf ein konstruktives FM ist es wiederum sicher hilfreich für die Kommunikation, wenn man selbst über seine eigenen „*Glaubenssätze*" – sowie über die Glaubenssätze von Anderen Bescheid weiß.

---

[1] Klaus Grochowiak, Das NLP-Master Handbuch, Junfermann Verlag, Paderborn, 1999, S.84ff

Wobei hier wissenschaftlich interessant wäre den Zusammenhang zwischen individuellen Glaubenssätzen und deren Auswirkungen auf eine „Fehler-Prozess-Kette" zu untersuchen.
Hier ist, unter anderem die NLP-Technik der *Metaprogramme*
sinnvoll. Wenn man sich über seine eigenen *„Metaprogramme*
bewusst wird.

4.3.   „Metaprogramme"

„Metaprogramme" bezeichnen im NLP Klassifikationen über
häufig wiederkehrende, quasi *„systematische*", gewohnheitsmä-
ßig ablaufende Prozesse und Denkmuster, die meist nicht bewusst sind (*Im Unterschied zu Glaubenssätzen welche ja eindeutig formulierbar sind*).
Eine Person motiviert sich zum Beispiel in vielen Lebens-Berei-
chen dadurch, dass sie, in ihrem mentalen Konzept, die Tendenz
hat *„von etwas weg zu gehen*". Klassisches Beispiel *„Weg vom
Rauchen*", *„Weg vom Alkohol*" etc.

NLP kennt unterschiedliche Varianten von Metaprogrammen.
Die ursprüngliche Variante stammt von Robert Dilts und wurde
von Roger Bailey erweitert.
Hier ein Auszug der häufigsten *„Metaprogramme*":

- **PROAKTIV - REAKTIV.**
  „Proaktive Menschen" setzen Handlungen und initiieren
  Neues. *„Reaktive Menschen*" warten eher ab und reagieren darauf was andere tun. Sie lassen die Dinge mehr ge-
  schehen und wollen zuerst verstehen und analysieren, bevor sie handeln.

- **HIN ZU - WEG VON.**
  „Hin-Zu-Menschen" werden durch positive Ziele motiviert.
  „Weg-von-Menschen" gehen von Problemen weg. Sie wol-
  len eher Probleme vermeiden denn Ziele erreichen.
  Welcher Motivationstyp sind Sie?

- **BEURTEILEND - WAHRNEHMEND**
  Es gibt Menschen die beurteilen ständig. Andere nehmen Dinge kommentarlos hin und nehmen diese *(möglichst)* neutral wahr.

- **VERGANGENHEIT – GEGENWART – ZUKUNFT**
  Menschen *„die stark in der Vergangenheit leben"* – oder *„stark in der Zukunft leben"*fällt es z.b. schwer *„im Augenblick /Im Hier und Jetzt"* zu sein. Zu welchem Typ gehören Sie?

- **ÜBERBLICK - DETAIL**
  Manche Menschen brauchen erst einen Überblick – andere lieben Details. Was ist Ihnen wichtiger?

- **INTERN – EXTERN**
  „Intern-orientierte Menschen" entscheiden nach ihren eigenen Maßstäben. *„Extern-orientierte Menschen"* richten sich eher nach den Maßstäben anderer.

- **GEMEINSAMKEITEN - UNTERSCHIEDE**
  Menschen, die *„matchen"*, achten bei Vergleichen auf Gemeinsames und Ähnliches. Menschen, die *„mismatchen"*, achten bei Vergleichen auf Unterschiede.[1]

In Bezug auf ein konstruktives FM ist es sicher hilfreich für die Kommunikation, wenn man selbst über seine eigenen *„Metaprogramme"* – sowie über die *„Metaprogramme"* von Anderen Bescheid weiß.

---

[1]http://de.scribd.com/doc/15863/ebook-german-NLPLexikon-german, S.228f

5. WIE REAGIERE ICH WENN ANDERE MICH AUF (MEINE) FEHLER AUFMERKSAM MACHEN?

Ein spannender Punkt wie ich meine. Wie reagieren Sie konkret darauf? Welche physiologischen Reaktionen bemerken Sie bei sich? Wie gehen Sie damit um? Rational, oder irrational / emotional? Auch hier können einige NLP-Techniken hilfreich sein: Wie z.b: der Blick auf

5.1. Physiologische Hinweise *(bei Ihnen und bei Ihrem Gegenüber)*

Der Kommunikationswissenschaftler Paul Watzlawick hat ein mittlerweile allgemeingültiges und anerkanntes Postulat erstellt:

„Man kann **NICHT-NICHT kommunizieren.**" [1]

Das heißt man kommuniziert immer. Auch nonverbal mit dem gesamten Körper. Gesten, Mimik, Haltungen, selbst kleinste Regungen können wir bei unserem Gegenüber wahrnehmen.
Hier gibt es beim NLP eine Menge Anregungen wie die 5 Sinne *("V-A-K-O-G")* dafür genutzt werden können *(z.b. Augenzugangshinweise, Sprachmuster, Atemfrequenz, u.a.m)*.

Laut einer Studie des US-Psychologen Albert Mehrabian verläuft der Großteil der Kommunikation unbewusst.

---

[1] Menschliche Kommunikation. Formen, Störungen, Paradoxien, Paul Watzlawick. u.a., Verlag: Huber, Bern, 2011, 12., unveränd. Aufl.S.59f

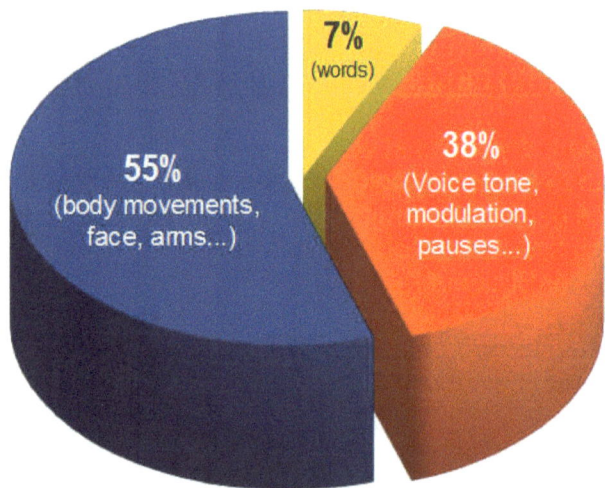

(http://de.wikipedia.org/wiki/Albert_Mehrabian)

Von daher sind NLP-Techniken recht hilfreich sich mehr Klarheit in der Kommunikation zu verschaffen.

Das Beachten der VAKOG-Signale kann nämlich wertvolle Hinweise über die Aussagen Ihres Gegenübers (*„der Körper lügt nicht!"*) liefern.

Dementsprechend kann man geäußerte Aussagen über eigene Fehler anders einordnen.

Und gleichzeitig bei sich selbst beobachten ob sich entsprechende körperliche Reaktionen einstellen.

Das *„Pacen"*, oder *„Mitgehen"* und *„Mit-Einfühlen"* mit dem Anderen ist quasi so etwas wie in *„Resonanz zueinander zu gehen"*, bzw. sich *„zu synchronisieren"*.

„...Beim pacen (...) geht es darum, visuelle, auditive und kinäs-thetische Worte und Satzwendungen herauszuhören und entwe-der in derselben Art zu antworten oder wenn bei anderen Ge-sprächspartnern dadurch Missverständnisse entstehen diese durch entsprechendes Übersetzen zu beheben..."[1]

Eine *(charakterlich)* anspruchsvolle Technik wenn es darum geht Aussagen anzunehmen bzgl. eigener Fehler, oder?.

Aktiv zuhörend, mittels *„pacen"* dem Anderen unvoreingenom-men und möglichst objektiv Raum zu geben für seine Aussagen. Ein Lernschritt in Richtung *„Kritikfähigkeit"* und *„Toleranz"*.

Dazu hilfreich sind auch die NLP-Techniken der:

5.2. 3 x Wahrnehmungspositionen

* Die 1., oder „Selbst"-Position *(d.h. die Welt aus der eige-nen, individuellen Sichtweise ausschließlich betrachtend)*
* Die 2., oder *„Beobachter"*-Position, d.h. die Welt aus der Sicht eines anderen betrachtend *(Einfühlungsvermögen/ Empathie)*
* Die „Meta-Ebene" *(d.h. quasi von einer „höheren" Ebene sozusagen, von außen betrachtend auf die Kommunika-tion von 1.+2. schauend)*[2]

Die Berücksichtigung der 3 Wahrnehmungspositionen schult ebenfalls die Toleranz und Kritikfähigkeit.

Gleichzeitig können Aussagen über eigene Fehler nicht so stark emotional belastend erlebt werden, da durch die anderen Wahrnehmungspositionen die Aussagen relativiert (bzw. *„dissozi-iert"*) erlebt werden können.

---

[1] http://www.nlp-nielsen.de/20NLP_Techniken.htm
[2] Klaus Grochowiak, Das NLP-Practitioner Handbuch, Junfer-mann Verlag, Paderborn, 1996, S.36ff

5.3.   Meta-Modell der Sprache

Das „*Meta-Modell der Sprache* " bringt Präzision in die Sprache. Das Meta-Modell des NLP basiert auf der Annahme, dass es drei Ebenen gibt, die miteinander in Wechselwirkung stehen *(ohne allzu sehr in die Semantische Feinheiten zu gehen)*:

- eine „*vorsprachliche Ebene der Erfahrung*" – quasi das physische Erleben selbst.
- eine „*Tiefen-Struktur*" der Sprache, d.h. das was der eigentliche Inhalt ist (*tatsächliche, exakte Absicht*) und
- eine „*Oberflächen-Struktur*" der Sprache. D.h. das, was man (*de facto*) hört oder liest.

Diese Unterscheidung wurde 1973 von dem Sprachwissenschaftler Noam Chomsky vorgeschlagen.
Chomsky geht davon aus, dass die beiden Strukturen (*Tiefen- u. Oberflächen-Struktur*) durch beschreibbare Regeln zusammenhängen.
Bandler und Grinder haben diese Idee wiederum auf den Kommunikations-Bereich übertragen und daraus das sog. „*Meta-Modell der Sprache*" entwickelt.

Vorsprachliche Erfahrung, Tiefen-Struktur und Oberflächen-Struktur der Sprache unterscheiden sich durch drei wesentliche Merkmale:

(1) „TILGUNG",

(2) „VERALLGEMEINERUNG", und

(3) „VERZERRUNG".

(1) **TILGUNG** entsteht aus einer mangelnden Wahrnehmung der Welt: Nur ein Teil von - der *„tatsächlichen Realität"* - wird wahrgenommen. Der Rest wird nicht bewusst aufgenommen. Er wird quasi *„getilgt"* und erscheint somit nicht in der Sprache.

Zum Beispiel: im Satz "*Ich habe Angst*" sind viele Umstände getilgt, die die Angst *(und deren Gründe)* ausmachen.

(2) **VERALLGEMEINERUNGEN** sind Generalisierungen: eine spezifische Erfahrung wird auf eine ganze Klasse von Erfahrungen übertragen.

Zum Beispiel der Satz "*Niemand liebt mich*" überträgt den Tatbestand, der vielleicht speziell für einige Menschen gelten mag, einfach pauschal auf alle Menschen.

(3) **VERZERRUNGEN** entstehen, wenn alte Modelle so dominant sind, dass sie durch neue Fakten schwer oder kaum zu korrigieren sind. Weil alle Wahrnehmung modell-abhängige Wahrnehmung ist, ist Verzerrung ein alltägliches Phänomen. Von Verzerrung im engeren Sinn spricht man im NLP insbesondere dann, wenn das Wirken hinderlicherGS beobachtet werden kann.

Der Satz "*Peter mag mich nicht*" verzerrt die Realität insofern, als unklar bleibt, nach welchen Kriterien er gültig ist und welche neuen Ereignisse ihn ungültig machen können.[1]

Das Meta-Modell der Sprache kreiert hauptsächlich NLP-Frage-Techniken.

---

[1] http://de.scribd.com/doc/15863/ebook-german-NLPLexikon-german, S.71f
[2] Klaus Grochowiak, Das NLP-Master Handbuch, Junfermann Verlag, Paderborn, 1999, S.245

Sie erlaubt uns, die Aussagen des Anderen so zu hinterfragen, dass wir die getilgten und verzerrten Informationen rückgewinnen können. Insofern ist das Meta-Modell auf Konkretheit, Details und Präzision hin orientiert.[1]

5.4. Meta-Modell-Fragetechniken

Bei „*Meta-Modell-Fragetechniken*" geht es um das Hinterfragen und Konkretisieren von behindernden Überzeugungen, inneren Einstellungen und Sichtweisen, die unser Denken, Wahrnehmen und Fühlen beeinflussen.
Bandler und Grinder haben eine Reihe der häufigsten, behindernden Generalisierungen, Verzerrungen und Tilgungen dazu zusammengestellt:

5.4.1. Universalquantoren sind Verallgemeinerungen wie z.B. „*immer / nie / jeder*" usw.
Hierbei können Sie durch die fragende Wiederholung „*Tatsächlich Immer / Jeder?*" oder durch ein Gegenbeispiel den „*Aussage-Horizont*" erweitern.

5.4.2. Ursache-Wirkungs-Zusammenhänge, wie „*weil, deshalb, usw.*"
Hierbei können Sie den Zusammenhang in Frage stellen oder eine Verallgemeinerung in Frage stellen durch z.B. durch die Frage nach einer Ausnahme.

5.4.3. Modaloperatoren, wie „*sollen, müssen, können, dürfen, usw.*" wenn die Begründung fehlt.
Bei solchen Aussagen können Sie die Frage stellen nach den Auswirkungen, wie z.B. „*„Was würden denn passieren?*" Oder „*Was sind die Gründe dafür?*"

---

[1] http::/www.nlp-nielsen.de/20NLP_Techniken.html

5.4.4. Bezugslose Bewertungen, oder

„Verlorener Performativ" wie z.B. *„es ist gut, richtig, falsch, usw."* und Vergleich ohne Bezug = *„es ist besser, billiger, effektiver, usw.*
Hierbei können Sie genauer nachfragen, wie z.b. *„Wer sagt denn das, dass ...?",* *„Von welchem Standpunkt aus betrachtet ...?",* *„Im Vergleich womit ...?"* usw.

5.4.5. Unspezifische Verben und Substantive und Nominalisierungen.

Mit: *„Wie genau ...",* *„Was genau ...",* *„Wann genau ...",* *„Wer genau ..."* usw. können Sie versuchen aus Nominalisierungen den dahinter stehenden Prozess zu erfragen.[1]

Ähnlich wie *„Aktives Zuhören"* durch Rückmeldungen, Nachfragen, *„Feedback geben",* die Aussagen des Anderen zu hinterfragen, bzw. genau zuzuhören und detailliert nachzufragen, zeigt dieses Kommunikationsverhalten ein *„echtes Interesse"* am Verstehen der *„Landkarte des Anderen"* sozusagen.
Was in der Regel dazu führt das emotionale Spannungen abgebaut werden.
Dies ermöglicht Ihnen eine rationalere – und mithin *„objektivere"* Kommunikation und einfachere Trennung von *„Sachebene"* und *„Emotionsebene".*

Für den Aufbau eines kFM wäre hierbei sicher auch eine solche sprachliche Kompetenz (*die Beherrschung von Meta-Modell-Fragetechniken*) nützlich.

5.4.6. Slight of Mouth

Der Begriff "*Sleight of Mouth*" wurde von "*Sleight of Hands*", was Fingerfertigkeit beim Kartenspiel bedeutet, abgeleitet.

---

[1] http::://www.nlp-nielsen.de/20NLP_Techniken.html

„Sleight of Mouth-Pattern" werden u.a. dafür eingesetzt, um Glaubenssätze zu verändern und um in Gesprächen schlagfertig zu (re)agieren.[1]

Da Glaubenssätze meist sehr stabil sind, gegenüber direktem Widerspruch (*„x stimmt nicht!"* - Antwort: *„Doch!"*), arbeiten die *„Sleight-of-Mouth-Muster"* subtiler, oft eingebettet in Fragen.

Es gibt (*nach Robert Dilts*) 14 x Sleight-of-Mouth-Muster, die in der Literatur in unterschiedlicher Reihenfolge angegeben werden.

Kategorie		Beispiel
Positive Absicht	Finde die positive Absicht hinter dem Glaubenssatz. Danach kannst Du mit der Absicht weiterarbeiten.	*Du möchtest, dass ich pünktlich bin?! / Was möchtest du eigentlich sagen?*
Umdefinieren	Ersetze mindestens ein Wort durch ein anderes, das etwas Ähnliches bedeutet, wodurch der Satz(teil) eine andere Bedeutung erhält.	*Dass ich jetzt hier bin, zeigt Dir, dass es mir nicht wichtig ist?!*
Konsequenz	Fordere den Glaubenssatz heraus, indem du die *(positive oder negative)* Konsequenz der Aussage (*oder die durch sie erfolgte Verallgemeinerung*) formulierst.	*Das heißt, wenn ich mal wieder etwas zu wichtig nehme, komme ich einfach etwas später und es löst sich. Wenn das stimmt, sollte ich jetzt wieder gehen.*

---

[1] http://nlpportal.org/nlpedia/wiki/Die_NLP_Enzyklopädie

Kategorie		Beispiel
Chunk Down *(Spezifizieren)*	Spezifiziere. *(Was genau ist es?)* -> Die Verallgemeinerung durch den Glaubenssatz wird aufgelöst.	*Innerhalb welchen Zeitfensters hätte ich denn ankommen müssen, damit es mir noch wichtig wäre? / Deine Kritik an meinem Verhalten lässt sich bestimmt noch präziser formulieren.*
Chunk Up *(Verallgemeinern)*	Verallgemeinere den Glaubenssatz. Die Beziehung der Glaubenssatzteile wird aufgelöst.	*Du meinst, alle Menschen, die sich verspäten, zeigen damit, dass ihnen etwas nicht wichtig ist?!*
Analogie *(Metapher)*	Metaphern sind Geschichten, in denen die Beziehung zwischen den Elementen zu Beginn der Metapher, die gleiche Struktur hat, wie die ursprüngliche Aussage. Dann wird diese Beziehung durch die Metapher verändert, so dass die Beziehung am Ende neu gesehen werden kann.	*1901 glaubte Gottlieb Daimler "Die weltweite Nachfrage nach Kraftfahrzeugen wird eine Million nicht überschreiten, allein schon aus Mangel an verfügbaren Chauffeuren."*
Gegenbeispiel	Formuliere zum Glaubenssatz ein Gegenbeispiel, eine Ausnahme der Regel.	*Neulich, als du zu spät zu unserem Treffen kamst... - heißt das, es war Dir nicht wichtig?*

Kategorie		Beispiel
Selbstanwendung	Die Aussage des Glaubenssatzes wird auf den Glaubenssatz selbst angewendet. War die Aussage abwertend, wird der Glaubenssatz selbst abgewertet, war sie positiv, wird positiv verstärkt.	*Der Satz "Dass du...!" ist nicht wichtig!*
Anderes Ziel	Ausrichtung auf ein lohnenderes Ziel. Formuliere ein relevantes Ziel, eine andere lohnende Möglichkeit.	*Anstatt von der Zeit meines Ankommen auf die Bedeutung dieser Sache für mich zu schließen, würde ich viel lieber mit dir über eine Idee sprechen, die mir auf dem Weg hierher in den Sinn kam.*

(http://nlpportal.org/nlpedia/wiki/Sleight-of-Mouth Pattern)

In Bezug auf ein kFM wäre hier sicher hilfreich und klärend bei anderen hierbei nach oben genannten Slight-of-Mouth-Muster nachzufragen wie sie denn Ihre Aussage konkret meinen.

Außerdem ist es in Bezug auf ein kFM sicher auch hilfreich für die Kommunikation, wenn Sie selbst über Ihre eigenen „Glaubenssätze", sowie über die Glaubenssätze des Anderen Bescheids wissen.. Gleiches gilt entsprechend für die Metaprogramme *(siehe oben)*

6. WIE REAGIERE ICH AUF FEHLER VON ANDEREN?

Wie reagieren Sie ganz konkret darauf? Und besitzen Sie die Kompetenz(en) adäquat Jemand anderen auf seinen Fehler entsprechend an zusprechen?
Sind Sie persönlich überhaupt in der Lage, mit Ihren eigenen Fähigkeiten und Kompetenzen, angemessen darauf zu reagieren (*sowohl sanktionierend als auch tolerierend*?)

Auch hier können einige NLP-Techniken wiederum hilfreich sein. Neben den bereits genannten, sei hier nur zu Allererst die sog. *„Rapport"*-Technik explizit genannt.

6.1. „Rapport"-Technik

„Rapport" beschreibt eine intensive Beziehung in der Kommunikation, das Erleben eines *„Gleichklangs"*, ähnlich einer *„Resonanz"*.
Das Ziel etlicher Kommunikations-Techniken von NLP ist nicht nur die Herstellung von Rapport, sondern sie ist oft auch eine zentrale Grundlage für eine gelingende Kommunikation überhaupt!
Rapport basiert auf der inneren Einstellung von Respekt für den anderen.
Allein mit dieser Haltung können im Alltag die "*Technik*" des *„Spiegelns"*, oder *„Pacing"* beobachtet werden, die NLP zur Herstellung von Rapport empfiehlt.

„Spiegeln / Pacing" bedeutet, dem anderen „ähnlich zu werden", sich Jemandem anzugleichen, „seine Welt sozusagen zu betreten".
Je tiefer der Rapport zwischen zwei Menschen, desto mehr gleichen sich ihre Körper und Stimmen "*wie von selbst*" einander an: sie "*schwingen auf der gleichen Welle*", sie sind in Kontakt, in *„Resonanz"*.[1]

---

[1] http://de.scribd.com/doc/15863/ebook-german-NLPLexikon-german, S.238

Rapport ist eine wesentliche Grundlage dafür wenn Sie Andere auf deren Fehler hinweisen möchten.
Was normalerweise auch hilft die emotional angespannte Situation (*„Fehler-Gespräch"* = *Kritik an der Person)* zu entschärfen.

Hilfreich erscheint mir an dieser Stelle, wenn es darum geht Andere auf deren Fehler hinzuweisen, die grundlegenden NLP-Axiome zu beachten (*siehe weiter oben*):

2.1.1.1.	Feedback versus Versagen
2.1.1.2.	Das Vorgehen des NLP ist ziel- und lösungsorientiert anstatt ursachen- und problemorientiert.
2.1.1.3.	Die „Landkarte" ist nicht „das Gebiet".
2.1.1.4.	Jeder hat „seine Landkarte" von der Welt.
2.1.1.5.	Jedes Verhalten hat eine positive Absicht.
2.1.1.6.	Menschen treffen zu jedem Zeitpunkt, die beste, Ihnen zur Verfügung stehende mögliche Wahl.
2.1.1.7.	Das flexibelste „System-Element" kontrolliert das gesamte System.

Daneben ist es sicherlich auch von Vorteil wenn Sie sich Dank der oben bereits genannten verschiedenen NLP-Techniken bewusst sind über Ihre eigenen **Glaubenssätze** (s.oben) und **Metaprogramme** (s.oben)

Außerdem nützlich sind hierbei wohl die NLP-Techniken der
3 x Wahrnehmungspositionen / Perspektivenwechsel (*Ereignisse aus unterschiedlichen Sichtweisen zu verstehen (s.oben)*), sowie das (*umgekehrte*) **„Meta-Modell-der Sprache"**.
Und zwar in dem Sinne, dass Sie (*umgekehrt*) selbst versuchen mehr Präzision in die eigene Sprache zu bringen (*s.oben)*.

6.2.   Authentizität

Diese Präzision und Klarheit in der Kommunikation, auch bei kritischen Aussagen, stellt eine weitere Herausforderung dar an individuelle psychische, emotionale und soziale Kompetenzen jedes Einzelnen! Letztlich hilfreich erscheint mir hier der Hinweis auf „Authentizität".

Je mehr der Sender einer Botschaft sich bewusst ist über sein spezifisches Kommunikationsverhalten einerseits und andererseits auch noch über die Inhalte und deren Auswirkungen auf Andere desto größer die Chance einer gelingenden, konstruktiven, lösungsorientierten Kommunikation!

Auch bei „schwierigen" Kommunikationssituationen und -inhalten.

7. FAZIT

Alles zusammengenommen, erkennt man hoffentlich, welche Herausforderungen an eine gelingende, allgemein konstruktive Kommunikation gestellt werden müssen.

NLP bietet hierzu einige Techniken und Tools an, welche auch für eine gelingende Kommunikation hilfreich und nützlich sein können. Dies wiederum ist ein wichtiger Baustein in einem konstruktiven Umgang mit Fehlern.

8. HANDLUNGSTIPPS

Aus der differenzierten Betrachtungsweise von Fehlern und den möglichen Verhaltensweisen darauf ergeben sich verschiedene Handlungsanregungen. Hier ein paar Anregungen und Tipps für Sie:

- **Jeden Fehler nur einmal machen**:

  Zwischen vermeidbaren und unvermeidbaren Fehlern unterscheiden lernen und aus Fehlern lernen.

- **Schaffen Sie ein Klima des Vertrauens**

  Fordern Sie Ihre Mitarbeiter auf, zu ihren Fehlern zu stehen. Fehler dürfen nicht tabuisiert werden.

- **Mit Ehrlichkeit entwaffnen**:

  Mit eigenen Fehlern offensiv umgehen und damit Andere zu derselben Vorgehensweise zu animieren.

- **Keine Angst vor Fehler haben:**

  Mut zum kalkulierten Risiko haben, um Neues zu schaffen.

- **Sprechen Sie Fehler klar und deutlich an**

- **Analysieren Sie die Ursache des Fehles**

  Gehen Sie der Frage nach, warum der Fehler entstand und um welche Form im obigen Sinne es sich handelt.

- **Schnelle Schadensbegrenzung** betreiben:

  Den Mut haben rechtzeitig die Reißleine zu ziehen.

- **Handeln und nicht Klagen**

  Verdrängen Sie den verständlicherweise entstandenen Ärger und konzentrieren Sie sich auf die Begrenzung des Schadens und die Lösung der Aufgabe. Negative Gedanken und Emotionen sind hierfür hinderlich. Denken Sie positiv!

- **Konzentrieren Sie sich auf die Lösung statt auf „Schuldige"**

- **Gut statt perfekt sein:**

  Niemand ist und wird jemals perfekt sein. Fehler sind menschlich.[1]

---

[1] (Auszug aus: Impulse für das Innovationsmanagement. Fehlerkultur im Innovationsprozess, Dr. Andreas Blaeser-Benfer, RKW Rationalisierungs- und Innovationszentrum der Deutschen Wirtschaft e.V., Kompetenzzentrum, Düsseldorfer Straße 40, 65760 Eschborn, www.rkw-kompetenzzentrum.de, Mai 2010, Faktenblatt 6 / 2010)

9. LITERATURVERZEICHNIS
(in alphabetischer Reihenfolge)

20-NLP-Techniken
http://www.nlp-nielsen.de/20NLP_Techniken.htm

Gabriele Ebner, Peter Heimerl, Elke M. Schüttelkopf: Fehler ·
Lernen · Unternehmen. WieSie die Fehlerkultur und Lernreife Ih-
rer Organisation wahrnehmen und gestalten. Frankfurt (Main),
Peter Lang Verlag, 2008.

Heinz Langmack, Fehlerkultur
http://www.behrs.de/media/catalog/product/2/7/278_00_lp.pdf

Impulse für das Innovationsmanagement. Fehlerkultur im Innovationsprozess,
Dr. Andreas Blaeser-Benfer, RKW Rationalisierungs- und Innovationszentrum der Deutschen Wirtschaft e.V., Kompetenzzentrum, Düsseldorfer Straße 40, 65760 Eschborn,
www.rkw-kompetenzzentrum.de, Mai 2010, Faktenblatt 6 / 2010)

IAI -Institut für angewandte Innovationsforschung e.V . Bochum,
2009 Fachreferat beim Bundesministerium für Forschung und
Technologie

Klaus Grochowiak, Das NLP-Practitioner Handbuch, Junfermann
Verlag, Paderborn, 1996,

Klaus Grochowiak, Das NLP-Master Handbuch, Junfermann
Verlag, Paderborn, 1999

Menschliche Kommunikation. Formen, Störungen, Paradoxien,
Paul Watzlwawick. u.a., Verlag: Huber, Bern, 2011, 12., unveränd. Aufl.

Michael Rimsa, Fehlermeldung mit System.
http://www.Emcl.de/Downoads/Downloads_allgemein/Fehlerma-
nagement.pdf

Neurolinguistisches Programmieren: Gelungene Kommunikation
und persönliche Entfaltung von Joseph O'Connor und John Seymour, 1998

NLP-Lexikon
http://de.scribd.com/doc/15863/ebook-german-NLPLexikon-ger-
man

NLpedia
http://nlpportal.org/nlpedia/wiki/Die_NLP_Enzyklopädie
Peter Hochreither: Erfolgsfaktor Fehler! Persönlicher Erfolg
durch Fehler! Göttingen 2004

Zeitfracht Medien GmbH
Ferdinand-Jühlke-Straße 7
99095 Erfurt, Deutschland
produktsicherheit@kolibri360.de